RUTH & JONAH
WITH IMAGES

A VISUAL HEBREW READER

RUTH & JONAH
WITH IMAGES

A VISUAL HEBREW READER

GLOSSAHOUSE
WILMORE, KY
GLOSSAHOUSE.COM

SAWYER MORANVILLE

Ruth & Jonah With Images: A Visual Hebrew Reader

61 pages : Color illustrations (Accessible Greek resources and online studies series. Tier 2. Lingua Deo Gloria.)

ISBN 978-1-63663-076-2 (paperback)
1. Hebrew language, Biblical – Vocabulary. 2. Games & Activities – Picture Books. I. Title. II. 1 Ruth & Jonah with images. III. Series.

The main text is the *Westminster Leningrad Codex*, which was accessed through esv.org. Additionally, use was made of *The Lexham Hebrew Bible* (Bellingham, WA: Lexham Press, 2012) as a supplementary source when a certain textual reading was preferred.

Cover Design by T. Michael W. Halcomb.

Book Interior Design by T. Michael W. Halcomb & Sawyer Moranville.

Soli Deo Gloria

LDG
Lingua Deo Gloria

Lingua Deo Gloria

The Lingua Deo Gloria (LDG) series contains the print versions and volumes of Visual Readers created by Sawyer Moranville. These are meant to help with comprehensible input, especially with regard to Hebrew and Greek.

Brief List of Marks Used In This Series

The <--> symbolizes that there are two opposite things.

The ! symbolizes a command.

The : symbolizes a brief explanation of a word or phrase

The < symbolizes that a certain word is derived from a similar word.

The = symbolizes that words are similar or exactly the same.

RUTH & JONAH
WITH IMAGES

A VISUAL HEBREW READER

רוּת

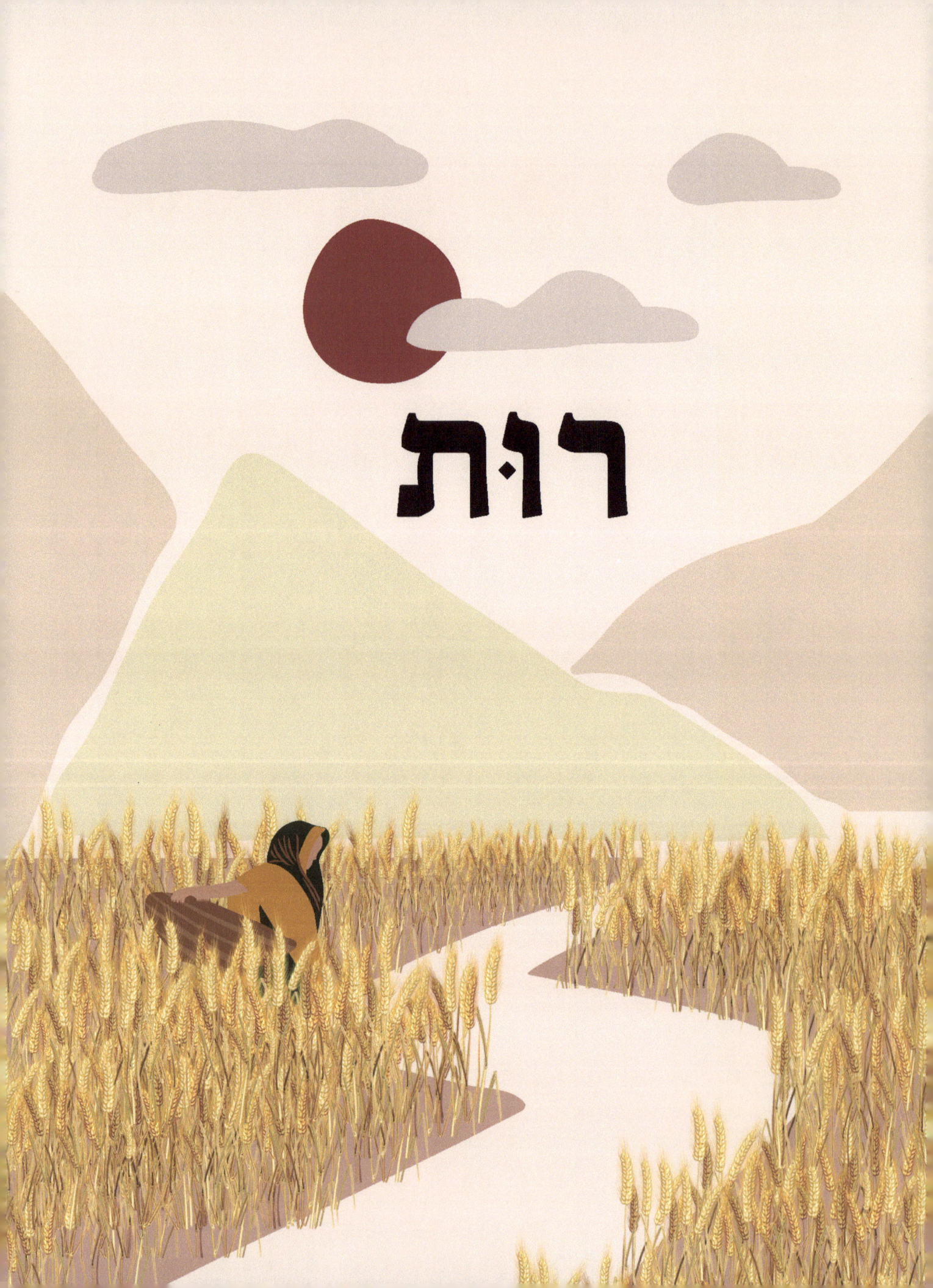

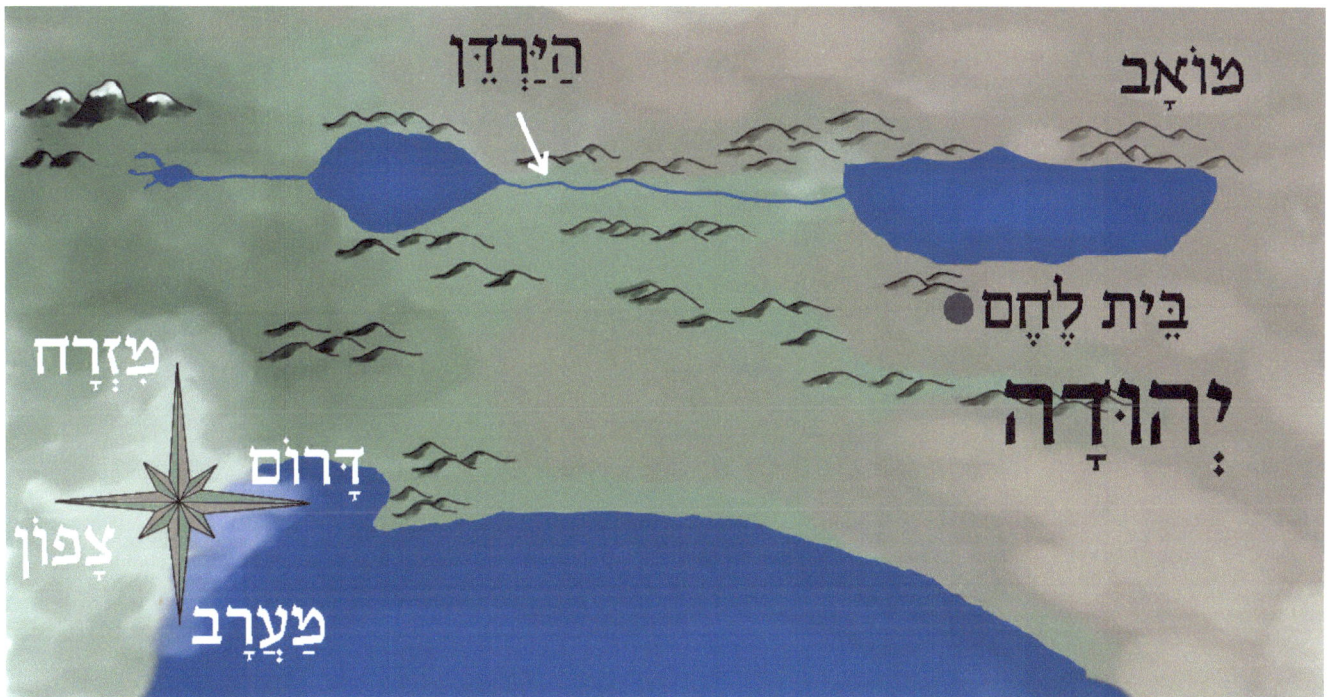

מוֹאָב

הַיַּרְדֵּן

מִזְרָח

דָּרוֹם

צָפוֹן

מַעֲרָב

בֵּית לֶחֶם •

יְהוּדָה

1

פֶּרֶק א׳: בְּמוֹאָב

רָעָב

1 וַיְהִ֗י בִּימֵי֙ שְׁפֹ֣ט הַשֹּׁפְטִ֔ים
וַיְהִ֥י רָעָ֖ב בָּאָ֑רֶץ וַיֵּ֨לֶךְ אִ֜ישׁ
מִבֵּ֧ית לֶ֣חֶם יְהוּדָ֗ה לָגוּר֙ בִּשְׂדֵ֣י
מוֹאָ֔ב ה֥וּא וְאִשְׁתּ֖וֹ וּשְׁנֵ֥י בָנָֽיו׃
2 וְשֵׁ֣ם הָאִ֣ישׁ אֱ֠לִימֶ֠לֶךְ וְשֵׁ֨ם אִשְׁתּ֜וֹ נָעֳמִ֗י וְשֵׁ֥ם
שְׁנֵֽי־בָנָ֣יו ׀ מַחְל֤וֹן וְכִלְיוֹן֙ אֶפְרָתִ֔ים מִבֵּ֥ית לֶ֖חֶם יְהוּדָ֑ה
וַיָּבֹ֥אוּ שְׂדֵי־מוֹאָ֖ב וַיִּֽהְיוּ־שָֽׁם׃ 3 וַיָּ֥מָת אֱלִימֶ֖לֶךְ אִ֣ישׁ
נָעֳמִ֑י וַתִּשָּׁאֵ֥ר הִ֖יא וּשְׁנֵ֥י בָנֶֽיהָ׃ 4 וַיִּשְׂא֣וּ לָהֶ֗ם נָשִׁים֙
מֹֽאֲבִיּ֔וֹת שֵׁ֤ם הָֽאַחַת֙ עָרְפָּ֔ה וְשֵׁ֥ם הַשֵּׁנִ֖ית ר֑וּת וַיֵּ֥שְׁבוּ
שָׁ֖ם כְּעֶ֥שֶׂר שָׁנִֽים׃ 5 וַיָּמ֥וּתוּ גַם־שְׁנֵיהֶ֖ם מַחְל֣וֹן
וְכִלְי֑וֹן וַתִּשָּׁאֵר֙ הָֽאִשָּׁ֔ה מִשְּׁנֵ֥י יְלָדֶ֖יהָ וּמֵאִישָֽׁהּ׃

שְׂדֵי מוֹאָב = שָׂדוֹת + מוֹאָב

שֹׁפֵט

שְׁנֵי < שְׁנַיִם (2)

וַיָּבֹאוּ = בָּאוּ (בוא)

וַיָּמָת = מֵת (מות)

וַיֵּשְׁבוּ = יָשְׁבוּ

עֶשֶׂר (10)

וַתִּשָּׁאֵר = נִשְׁאֲרָה נָעֳמִי (שאר)

וּמֵאִישָׁהּ =
וּמִן הָאִישׁ אֲשֶׁר לָהּ

כַלֹּתֶיהָ = כַּלּוֹת + לָהּ:
נְשֵׁי מַחְלוֹן וְכִלְיוֹן

דֶּרֶךְ

6 וַתָּ֤קָם הִיא֙ וְכַלֹּתֶ֔יהָ וַתָּ֖שָׁב מִשְּׂדֵ֣י מוֹאָ֑ב כִּ֤י שָֽׁמְעָה֙
בִּשְׂדֵ֣ה מוֹאָ֔ב כִּֽי־פָקַ֤ד יְהוָה֙ אֶת־עַמּ֔וֹ לָתֵ֥ת לָהֶ֖ם לָֽחֶם׃
7 וַתֵּצֵ֗א מִן־הַמָּקוֹם֙ אֲשֶׁ֣ר הָיְתָה־שָׁ֔מָּה וּשְׁתֵּ֥י כַלֹּתֶ֖יהָ
עִמָּ֑הּ וַתֵּלַ֣כְנָה בַדֶּ֔רֶךְ לָשׁ֖וּב אֶל־אֶ֥רֶץ יְהוּדָֽה׃
8 וַתֹּ֤אמֶר נָעֳמִי֙ לִשְׁתֵּ֣י כַלֹּתֶ֔יהָ לֵ֣כְנָה שֹּׁ֔בְנָה אִשָּׁ֖ה
לְבֵ֣ית אִמָּ֑הּ יַעֲשֶׂ֨ה יְהוָ֤ה עִמָּכֶם֙ חֶ֔סֶד כַּאֲשֶׁ֧ר עֲשִׂיתֶ֛ם
עִם־הַמֵּתִ֖ים וְעִמָּדִֽי׃

בַּיִת

וַתָּ֤קָם =
קָמָה (קום)

לָֽחֶם: לֶחֶם

וַתֵּצֵא =
יָצְאָה נָעֳמִי

וַתֵּלַ֣כְנָה = הָלְכוּ
נָעֳמִי וְכַלֹּתֶיהָ

לֵ֣כְנָה! (הלך)
שֹּׁבְנָה! (שוב)

אִמָּהּ = אֵם + לָהּ

9 יִתֵּ֤ן יְהוָה֙ לָכֶ֔ם וּמְצֶ֣אןָ מְנוּחָ֔ה
אִשָּׁ֖ה בֵּ֣ית אִישָׁ֑הּ וַתִּשַּׁ֣ק לָהֶ֔ן
וַתִּשֶּׂ֥אנָה קוֹלָ֖ן וַתִּבְכֶּֽינָה׃
10 וַתֹּאמַ֖רְנָה־לָּ֑הּ כִּֽי־אִתָּ֥ךְ
נָשׁ֖וּב לְעַמֵּֽךְ׃
11 וַתֹּ֤אמֶר נָעֳמִי֙ שֹׁ֣בְנָה בְנֹתַ֔י לָ֥מָּה תֵלַ֖כְנָה עִמִּ֑י
הַֽעֽוֹד־לִ֤י בָנִים֙ בְּמֵעַ֔י וְהָי֥וּ לָכֶ֖ם לַאֲנָשִֽׁים׃
12 שֹׁ֤בְנָה בְנֹתַי֙ לֵ֔כְןָ כִּ֥י זָקַ֖נְתִּי מִהְי֣וֹת לְאִ֑ישׁ כִּ֤י
אָמַ֙רְתִּי֙ יֶשׁ־לִ֣י תִקְוָ֔ה גַּ֣ם הָיִ֤יתִי הַלַּ֙יְלָה֙ לְאִ֔ישׁ וְגַ֖ם
יָלַ֥דְתִּי בָנִֽים׃
13 הֲלָהֵ֣ן׀ תְּשַׂבֵּ֗רְנָה עַ֚ד אֲשֶׁ֣ר יִגְדָּ֔לוּ הֲלָהֵן֙ תֵּֽעָגֵ֔נָה
לְבִלְתִּ֖י הֱי֣וֹת לְאִ֑ישׁ אַ֣ל בְּנֹתַ֗י כִּֽי־מַר־לִ֤י מְאֹד֙ מִכֶּ֔ם
כִּֽי־יָצְאָ֥ה בִ֖י יַד־יְהוָֽה׃
14 וַתִּשֶּׂ֣נָה קוֹלָ֔ן וַתִּבְכֶּ֖ינָה
ע֑וֹד וַתִּשַּׁ֤ק עָרְפָּה֙ לַחֲמוֹתָ֔הּ
וְר֖וּת דָּ֥בְקָה בָּֽהּ׃
15 וַתֹּ֗אמֶר הִנֵּה֙ שָׁ֣בָה יְבִמְתֵּ֔ךְ אֶל־עַמָּ֖הּ

וַתִּשַּׁק = נָשְׁקָה
(נשק)

מַר־לִי

אִשָׁהּ = אִישׁ + לָהּ

וַתִּשֶּׂאנָה =נָשְׂאוּ
(נשא)

וַתִּבְכֶּינָה = בָּכוּ

הֲ = ? : הַעוֹד. . . ?

קוֹל

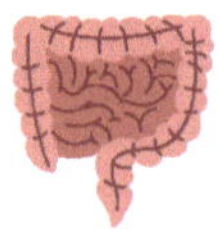

בְּמֵעַי = בְּ +
מֵעַיִם + לִי

בְנֹתַי = בָּנוֹת + לִי
הֲלָהֵן...? = הֲ +
לָהֵן...?
הֱיוֹת (היה)

לַחֲמוֹתָהּ = לְ +
חָמוֹת + לָהּ

וְאֶל־אֱלֹהֶיהָ שׁוּבִי אַחֲרֵי יְבִמְתֵּךְ׃

16 וַתֹּאמֶר רוּת אַל־תִּפְגְּעִי־בִי לְעָזְבֵךְ לָשׁוּב
מֵאַחֲרָיִךְ כִּי אֶל־אֲשֶׁר תֵּלְכִי אֵלֵךְ וּבַאֲשֶׁר תָּלִינִי אָלִין
עַמֵּךְ עַמִּי וֵאלֹהַיִךְ אֱלֹהָי׃

17 בַּאֲשֶׁר תָּמוּתִי אָמוּת
וְשָׁם אֶקָּבֵר כֹּה יַעֲשֶׂה
יְהוָה לִי וְכֹה יֹסִיף כִּי הַמָּוֶת
יַפְרִיד בֵּינִי וּבֵינֵךְ׃

אֶקָּבֵר (אֲנִי)

18 וַתֵּרֶא כִּי־מִתְאַמֶּצֶת הִיא לָלֶכֶת אִתָּהּ וַתֶּחְדַּל
לְדַבֵּר אֵלֶיהָ׃

19 וַתֵּלַכְנָה שְׁתֵּיהֶם עַד־בֹּאָנָה בֵּית לָחֶם וַיְהִי
כְּבֹאָנָה בֵּית לֶחֶם וַתֵּהֹם כָּל־הָעִיר עֲלֵיהֶן וַתֹּאמַרְנָה
הֲזֹאת נָעֳמִי׃

20 וַתֹּאמֶר אֲלֵיהֶן אַל־תִּקְרֶאנָה לִי נָעֳמִי קְרֶאןָ לִי
מָרָא כִּי־הֵמַר שַׁדַּי לִי מְאֹד׃

21 אֲנִי מְלֵאָה הָלַכְתִּי וְרֵיקָם הֱשִׁיבַנִי יְהוָה לָמָּה
תִקְרֶאנָה לִי נָעֳמִי וַיהוָה עָנָה בִי וְשַׁדַּי הֵרַע לִי׃

שׁוּבִי!

תִּפְגְּעִי־בִי: (פגע + בְּ)

לְעָזְבֵךְ = לַעֲזֹב + אוֹתָךְ

מֵאַחֲרָיִךְ = מִן + אַחֲרֵי + אַתְּ

בַאֲשֶׁר תָּלִינִי = אֵיפֹה תָּלִינִי

אֶקָּבֵר (קבר: Niphal)

יֹסִיף (יסף: Hiphal)

וַתֵּרֶא = רָאֲתָה

וַתֵּהֹם (הום: Niphal)

הֵמַר (מרר: Hiphil)

שַׁדַּי: שֵׁם

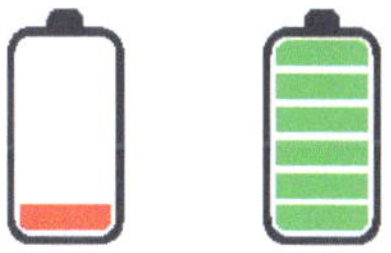

מְלֵאָה רֵיקָם

22 וַתָּשָׁב נָעֳמִי וְרוּת הַמּוֹאֲבִיָּה כַלָּתָהּ עִמָּהּ הַשָּׁבָה מִשְּׂדֵי מוֹאָב וְהֵמָּה בָּאוּ בֵּית לֶחֶם בִּתְחִלַּת קְצִיר שְׂעֹרִים:

פֶּרֶק ב׳: בֹּעַז

קֵץ

שְׂעֹרִים

אֵלְכָה־נָּא: אֵלֵךְ
(הלד)

וַאֲלַקֳטָה = אֲלַקֵט
(לקט :Piel)

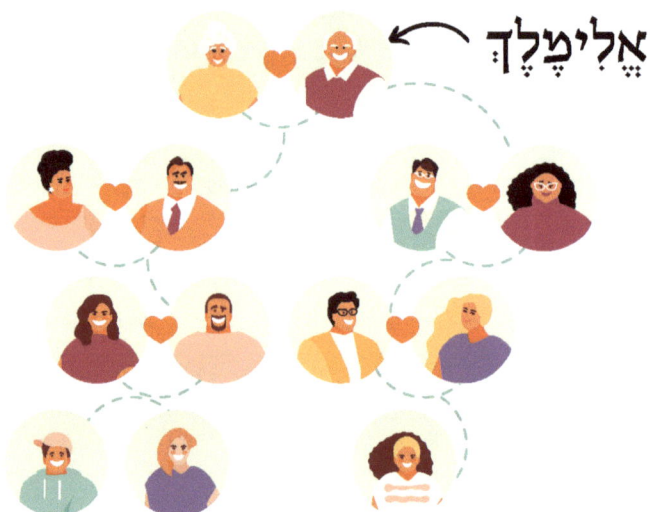

אֱלִימֶלֶךְ

מִשְׁפַּחַת אֱלִימֶלֶךְ

1 וּלְנָעֳמִי מֵידָע מוֹדַע לְאִישָׁהּ אִישׁ גִּבּוֹר חַיִל מִמִּשְׁפַּחַת אֱלִימֶלֶךְ וּשְׁמוֹ בֹּעַז:

2 וַתֹּאמֶר רוּת הַמּוֹאֲבִיָּה אֶל־נָעֳמִי אֵלְכָה־נָּא הַשָּׂדֶה וַאֲלַקֳטָה בַשִּׁבֳּלִים אַחַר אֲשֶׁר אֶמְצָא־חֵן בְּעֵינָיו

שִׁבֳּלִים

הַקֹּצְרִים

וַתֹּאמֶר לָהּ לְכִי בִתִּי׃

3 וַתֵּלֶךְ וַתָּבוֹא וַתְּלַקֵּט בַּשָּׂדֶה אַחֲרֵי הַקֹּצְרִים וַיִּקֶר
מִקְרֶהָ חֶלְקַת הַשָּׂדֶה לְבֹעַז אֲשֶׁר מִמִּשְׁפַּחַת
אֱלִימֶלֶךְ׃

4 וְהִנֵּה־בֹעַז בָּא מִבֵּית לֶחֶם וַיֹּאמֶר לַקּוֹצְרִים יְהוָה
עִמָּכֶם וַיֹּאמְרוּ לוֹ יְבָרֶכְךָ יְהוָה׃

5 וַיֹּאמֶר בֹּעַז לְנַעֲרוֹ הַנִּצָּב עַל־הַקּוֹצְרִים לְמִי הַנַּעֲרָה
הַזֹּאת׃

6 וַיַּעַן הַנַּעַר הַנִּצָּב עַל־הַקּוֹצְרִים וַיֹּאמַר נַעֲרָה
מוֹאֲבִיָּה הִיא הַשָּׁבָה עִם־נָעֳמִי מִשְּׂדֵה מוֹאָב׃

7 וַתֹּאמֶר אֲלַקֳטָה־נָּא וְאָסַפְתִּי בָעֳמָרִים אַחֲרֵי
הַקּוֹצְרִים וַתָּבוֹא וַתַּעֲמוֹד מֵאָז הַבֹּקֶר וְעַד־עַתָּה זֶה
שִׁבְתָּהּ הַבַּיִת מְעָט׃

לְכִי! (הלך)

בִּתִּי = בַּת + לִי

וַיִּקֶר = קָרָה

מִקְרֶהָ = מִקְרֶה + לָהּ

לְנַעֲרוֹ = לְ + נַעַר + לוֹ

הַנִּצָּב (נצב: Niphal)

וַיַּעַן = עָנָה (ענה)

מְעָט

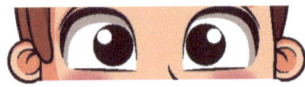

8 וַיֹּאמֶר בֹּעַז אֶל־רוּת הֲלוֹא שָׁמַעַתְּ בִּתִּי אַל־תֵּלְכִי לִלְקֹט בְּשָׂדֶה אַחֵר וְגַם לֹא תַעֲבוּרִי מִזֶּה וְכֹה תִדְבָּקִין עִם־נַעֲרֹתָי:

עֵינַיִךְ = עֵינַיִם + לָךְ

9 עֵינַיִךְ בַּשָּׂדֶה אֲשֶׁר־יִקְצֹרוּן וְהָלַכְתְּ אַחֲרֵיהֶן הֲלוֹא צִוִּיתִי אֶת־הַנְּעָרִים לְבִלְתִּי נָגְעֵךְ וְצָמִת וְהָלַכְתְּ אֶל־הַכֵּלִים וְשָׁתִית מֵאֲשֶׁר יִשְׁאֲבוּן הַנְּעָרִים:

10 וַתִּפֹּל עַל־פָּנֶיהָ וַתִּשְׁתַּחוּ אָרְצָה וַתֹּאמֶר אֵלָיו מַדּוּעַ מָצָאתִי חֵן בְּעֵינֶיךָ לְהַכִּירֵנִי וְאָנֹכִי נָכְרִיָּה:

11 וַיַּעַן בֹּעַז וַיֹּאמֶר לָהּ הֻגֵּד הֻגַּד לִי כֹּל אֲשֶׁר־עָשִׂית אֶת־חֲמוֹתֵךְ אַחֲרֵי מוֹת אִישֵׁךְ וַתַּעַזְבִי אָבִיךְ וְאִמֵּךְ וְאֶרֶץ מוֹלַדְתֵּךְ וַתֵּלְכִי אֶל־עַם אֲשֶׁר לֹא־יָדַעַתְּ תְּמוֹל שִׁלְשׁוֹם:

12 יְשַׁלֵּם יְהוָה פָּעֳלֵךְ וּתְהִי מַשְׂכֻּרְתֵּךְ שְׁלֵמָה מֵעִם יְהוָה אֱלֹהֵי יִשְׂרָאֵל אֲשֶׁר־בָּאת לַחֲסוֹת תַּחַת־כְּנָפָיו:

כְּנָפָיו = כְּנָפַיִם + לוֹ

נַעֲרֹתָי = נְעָרוֹת + לִי

צִוִּיתִי (Piel: צוה)

נָגְעֵךְ = נגע + בְּ

וַתִּשְׁתַּחוּ
(Hishtaphel: חוה)

מַדּוּעַ = לָמָּה

לְהַכִּירֵנִי =
לְהַכִּיר אוֹתִי

הֻגַּד
(Hophal: נגד)

מוֹלַדְתֵּךְ =
מוֹלֶדֶת + לָךְ

שִׁלְשׁוֹם =
יוֹמַיִם לִפְנֵי הַיּוֹם

תְּמוֹל =
יוֹם לִפְנֵי הַיּוֹם

13 וַתֹּאמֶר אֶמְצָא־חֵן בְּעֵינֶיךָ אֲדֹנִי כִּי נִחַמְתָּנִי וְכִי
דִבַּרְתָּ עַל־לֵב שִׁפְחָתֶךָ וְאָנֹכִי לֹא אֶהְיֶה כְּאַחַת
שִׁפְחֹתֶיךָ׃

עֵת

14 וַיֹּאמֶר לָה בֹעַז לְעֵת
הָאֹכֶל גֹּשִׁי הֲלֹם וְאָכַלְתְּ
מִן־הַלֶּחֶם וְטָבַלְתְּ פִּתֵּךְ בַּחֹמֶץ וַתֵּשֶׁב מִצַּד הַקּוֹצְרִים
וַיִּצְבָּט־לָהּ קָלִי וַתֹּאכַל וַתִּשְׂבַּע וַתֹּתַר׃
15 וַתָּקָם לְלַקֵּט וַיְצַו בֹּעַז אֶת־נְעָרָיו לֵאמֹר גַּם בֵּין
הָעֳמָרִים תְּלַקֵּט וְלֹא תַכְלִימוּהָ׃
16 וְגַם שֹׁל־תָּשֹׁלּוּ לָהּ מִן־הַצְּבָתִים וַעֲזַבְתֶּם וְלִקְּטָה
וְלֹא תִגְעֲרוּ־בָהּ׃
17 וַתְּלַקֵּט בַּשָּׂדֶה עַד־הָעָרֶב וַתַּחְבֹּט אֵת
אֲשֶׁר־לִקֵּטָה וַיְהִי כְּאֵיפָה שְׂעֹרִים׃
18 וַתִּשָּׂא וַתָּבוֹא הָעִיר
וַתֵּרֶא חֲמוֹתָהּ אֵת אֲשֶׁר־
לִקֵּטָה וַתּוֹצֵא וַתִּתֶּן־לָהּ אֵת
אֲשֶׁר־הוֹתִרָה מִשָּׂבְעָהּ׃

וַתַּחְבֹּט = חָבְטָה

נִחַמְתָּנִי = נִחַמְתָּ + אוֹתִי (נחם: Piel)

שִׁפְחָתֶךָ = שִׁפְחָה + לְךָ

לֵב

הֲלֹם = פֹּה

פִּתֵּךְ = פַּת + לָךְ

גֹּשִׁי!

וַתֹּתַר = הוֹתִירָה (יתר: Hiphil)

וַיְצַו = צִוָּה (צוה: Hiphil)

תַכְלִימוּהָ = תַכְלִימוּ + אוֹתָהּ

תָשֹׁלּוּ (שלל)

תִגְעֲרוּ־בָהּ (גער + בְּ)

וַתִּשָּׂא = נָשְׂאָה

וַתֵּרֶא = רָאֲתָה

וַתּוֹצֵא = הוֹצִיאָה (יצא: Hiphil)

מִשָּׂבְעָהּ = מִן + שֹׂבַע + לָהּ

19 וַתֹּאמֶר לָהּ חֲמוֹתָהּ אֵיפֹה לִקַּטְתְּ הַיּוֹם וְאָנָה עָשִׂית יְהִי מַכִּירֵךְ בָּרוּךְ וַתַּגֵּד לַחֲמוֹתָהּ אֵת אֲשֶׁר־עָשְׂתָה עִמּוֹ וַתֹּאמֶר שֵׁם הָאִישׁ אֲשֶׁר עָשִׂיתִי עִמּוֹ הַיּוֹם בֹּעַז:

20 וַתֹּאמֶר נָעֳמִי לְכַלָּתָהּ בָּרוּךְ הוּא לַיהוָה אֲשֶׁר לֹא־עָזַב חַסְדּוֹ אֶת־הַחַיִּים וְאֶת־הַמֵּתִים וַתֹּאמֶר לָהּ נָעֳמִי קָרוֹב לָנוּ הָאִישׁ מִגֹּאֲלֵנוּ הוּא:

לֹא קָרוֹב

קָרוֹב

21 וַתֹּאמֶר רוּת הַמּוֹאֲבִיָּה גַּם׀ כִּי־אָמַר אֵלַי עִם־הַנְּעָרִים אֲשֶׁר־לִי תִּדְבָּקִין עַד אִם־כִּלּוּ אֵת כָּל־הַקָּצִיר אֲשֶׁר־לִי::

אֵיפֹה = אָנָה

מַכִּירֵךְ = מַכִּיר אוֹתָךְ
(Hiphil :נכר)

לְכַלָּתָהּ = לְ + כַּלָּה + לָהּ

חַסְדּוֹ = חֶסֶד + לוֹ

מִגֹּאֲלֵנוּ = מִן + גֹּאֵל + לָנוּ

תִּדְבָּקִין = תִּדְבְּקִי

כִּלּוּ = (כלה: Piel)

22 וַתֹּ֥אמֶר נָעֳמִ֖י אֶל־ר֣וּת כַּלָּתָ֑הּ ט֣וֹב בִּתִּ֗י כִּ֤י תֵֽצְאִי֙
עִם־נַ֣עֲרוֹתָ֔יו וְלֹ֥א יִפְגְּעוּ־בָ֖ךְ בְּשָׂדֶ֥ה אַחֵֽר׃
23 וַתִּדְבַּ֞ק בְּנַעֲר֤וֹת בֹּ֙עַז֙ לְלַקֵּ֔ט עַד־כְּל֥וֹת
קְצִֽיר־הַשְּׂעֹרִ֖ים וּקְצִ֣יר הַחִטִּ֑ים וַתֵּ֖שֶׁב אֶת־חֲמוֹתָֽהּ׃

פֶּרֶק ג׳: גֹּאֵל

1 וַתֹּ֥אמֶר לָ֖הּ נָעֳמִ֣י חֲמוֹתָ֑הּ בִּתִּ֗י הֲלֹ֧א אֲבַקֶּשׁ־לָ֛ךְ
מָנ֖וֹחַ אֲשֶׁ֥ר יִֽיטַב־לָֽךְ׃
2 וְעַתָּ֗ה הֲלֹ֥א בֹ֙עַז֙ מֹֽדַעְתָּ֔נוּ אֲשֶׁ֥ר הָיִ֖ית אֶת־נַעֲרוֹתָ֑יו
הִנֵּה־ה֗וּא זֹרֶ֛ה אֶת־גֹּ֥רֶן הַשְּׂעֹרִ֖ים הַלָּֽיְלָה׃
3 וְרָחַ֣צְתְּ ׀ וָסַ֗כְתְּ וְשַׂ֧מְתְּ
שִׂמְלָתֵ֛ךְ עָלַ֖יִךְ וְיָרַ֣דְתִּי הַגֹּ֑רֶן
אַל־תִּוָּדְעִ֣י לָאִ֔ישׁ עַ֥ד כַּלֹּת֖וֹ
לֶאֱכֹ֥ל וְלִשְׁתּֽוֹת׃

(זרה)

4 וִיהִ֣י בְשָׁכְב֗וֹ וְיָדַ֙עַתְּ֙ אֶת־הַמָּקוֹם֙ אֲשֶׁ֣ר יִשְׁכַּב־שָׁ֔ם
וּבָ֛את וְגִלִּ֥ית מַרְגְּלֹתָ֖יו וְשָׁכָ֑בְתִּי וְהוּא֙ יַגִּ֣יד לָ֔ךְ אֵ֖ת
אֲשֶׁ֥ר תַּעֲשִֽׂין׃

יִפְגְּעוּ־בָךְ (פגע + בְּ)

כִּי תֵצְאִי: אִם תֵּצְאִי

וַתִּדְבַּק בְּנַעֲרוֹת: (דבק + בְּ)

כְּלוֹת (כלה)

אֶת = עִם

יִיטַב: יִהְיֶה טוֹב

מֹדַעְתָּנוּ = מֹדַעַת + לָנוּ

וְרָחַצְתְּ = תִּרְחֲצִי

וָסַכְתְּ = תָּסוּכִי

וְשַׂמְתְּ = תָּשִׂימִי

וְיָרַדְתִּי = תֵּרְדִי

תִּוָּדְעִי (Niphal :ידע)

בְּשָׁכְבוֹ = בְּ + שכב + הוּא

וְגִלִּית = תְּגַלִּי (Piel :גלה)

וְשָׁכָבְתִּי = תִּשְׁכְּבִי

5 וַתֹּ֥אמֶר אֵלֶ֖יהָ כֹּ֛ל אֲשֶׁר־תֹּאמְרִ֥י אֶֽעֱשֶֽׂה׃

6 וַתֵּ֖רֶד הַגֹּ֑רֶן וַתַּ֕עַשׂ כְּכֹ֥ל אֲשֶׁר־צִוַּ֖תָּה חֲמוֹתָֽהּ׃

7 וַיֹּ֨אכַל בֹּ֤עַז וַיֵּ֙שְׁתְּ֙ וַיִּיטַ֣ב לִבּ֔וֹ וַיָּבֹ֕א לִשְׁכַּ֖ב בִּקְצֵ֣ה

הָעֲרֵמָ֑ה וַתָּבֹ֣א בַלָּ֔ט וַתְּגַ֥ל מַרְגְּלֹתָ֖יו וַתִּשְׁכָּֽב׃

וַיָּבֹא לִשְׁכַּב בִּקְצֵה הָעֲרֵמָה

8 וַיְהִי֙ בַּחֲצִ֣י הַלַּ֔יְלָה וַיֶּחֱרַ֥ד הָאִ֖ישׁ וַיִּלָּפֵ֑ת וְהִנֵּ֣ה

אִשָּׁ֔ה שֹׁכֶ֖בֶת מַרְגְּלֹתָֽיו׃

9 וַיֹּ֖אמֶר מִי־אָ֑תְּ וַתֹּ֗אמֶר אָנֹכִי֙ ר֣וּת אֲמָתֶ֔ךָ וּפָרַשְׂתָּ֤

כְנָפֶ֙ךָ֙ עַל־אֲמָ֣תְךָ֔ כִּ֥י גֹאֵ֖ל אָֽתָּה׃

10 וַיֹּ֗אמֶר בְּרוּכָ֨ה אַ֤תְּ לַֽיהוָה֙ בִּתִּ֔י הֵיטַ֛בְתְּ חַסְדֵּ֥ךְ

הָאַחֲר֖וֹן מִן־הָרִאשׁ֑וֹן לְבִלְתִּי־לֶ֗כֶת אַחֲרֵי֙ הַבַּ֣חוּרִ֔ים

אִם־דַּ֖ל וְאִם־עָשִֽׁיר׃

11 וְעַתָּ֗ה בִּתִּי֙ אַל־תִּ֣ירְאִ֔י

כֹּ֥ל אֲשֶׁר־תֹּאמְרִ֖י אֶֽעֱשֶׂה־לָּ֑ךְ

דַּל עָשִׁיר

וַתֵּרֶד = יָרְדָה

הַגֹּרֶן: אֶל הַגֹּרֶן

צִוַּתָּה = צִוְּתָה
(צוה: Piel)

וַיֵּשְׁתְּ = שָׁתָה

בַלָּט: לֹא יָדְעוּ אֲנָשִׁים
כִּי בָּאָה רוּת אֶל בֹּעַז

וַתְּגַל = גִּלְּתָה

וַיֶּחֱרַד = חָרֵד

וַיִּלָּפֵת
(לפת: Niphal)

לְבִלְתִּי־לֶכֶת אַחֲרֵי:
לֹא הָלַכְתְּ אַחֲרֵי

כִּי יוֹדֵעַ כׇּל־שַׁעַר עַמִּי כִּי אֵשֶׁת חַיִל אָתְּ׃

12 וְעַתָּה כִּי אׇמְנָם כִּי אם גֹאֵל אָנֹכִי וְגַם יֵשׁ גֹּאֵל
קָרוֹב מִמֶּנִּי׃

13 לִינִי ׀ הַלַּיְלָה וְהָיָה בַבֹּקֶר אִם־יִגְאָלֵךְ טוֹב יִגְאָל
וְאִם־לֹא יַחְפֹּץ לְגׇאֳלֵךְ וּגְאַלְתִּיךְ אָנֹכִי חַי־יְהוָה שִׁכְבִי
עַד־הַבֹּקֶר׃

14 וַתִּשְׁכַּב מַרְגְּלֹתָו עַד־הַבֹּקֶר
וַתָּקׇם בְּטֶרוֹם יַכִּיר אִישׁ אֶת־רֵעֵהוּ וַיֹּאמֶר אַל־יִוָּדַע
כִּי־בָאָה הָאִשָּׁה הַגֹּרֶן׃

15 וַיֹּאמֶר הָבִי הַמִּטְפַּחַת אֲשֶׁר־עָלַיִךְ וְאֶחֳזִי־בָהּ
וַתֹּאחֶז בָּהּ וַיָּמׇד שֵׁשׁ־שְׂעֹרִים
וַיָּשֶׁת עָלֶיהָ וַיָּבֹא הָעִיר׃

16 וַתָּבוֹא אֶל־חֲמוֹתָהּ וַתֹּאמֶר
מִי־אַתְּ בִּתִּי וַתַּגֶּד־לָהּ אֵת כׇּל־
אֲשֶׁר עָשָׂה־לָהּ הָאִישׁ׃

וַיָּמָד = מָדַד

17 וַתֹּאמֶר שֵׁשׁ־הַשְּׂעֹרִים הָאֵלֶּה נָתַן לִי כִּי אָמַר
אַל־תָּבוֹאִי רֵיקָם אֶל־חֲמוֹתֵךְ׃

לִינִי! (לין)

יִגְאָלֵךְ = יִגְאַל + אוֹתָךְ

וּגְאַלְתִּיךְ = וְ + אֶגְאַל + אוֹתָךְ

שִׁכְבִי!

בְּטֶרוֹם: עוֹד לֹא

הָבִי! (להב): תְּנִי!

אֶחֳזִי! (אחז + בְּ)

שֵׁשׁ (6)

וַיָּשֶׁת = שָׁת = שָׂם

18 וַתֹּאמֶר שְׁבִי בִתִּי עַד אֲשֶׁר תֵּדְעִין אֵיךְ יִפֹּל דָּבָר כִּי לֹא יִשְׁקֹט הָאִישׁ כִּי־אִם־כִּלָּה הַדָּבָר הַיּוֹם:

פֶּרֶק ד': בָּרוּךְ יְהוָה

וּבֹעַז עָלָה הַשַּׁעַר וַיֵּשֶׁב שָׁם וְהִנֵּה הַגֹּאֵל עֹבֵר אֲשֶׁר דִּבֶּר־בֹּעַז וַיֹּאמֶר סוּרָה שְׁבָה־פֹּה פְּלֹנִי אַלְמֹנִי וַיָּסַר וַיֵּשֵׁב:

2 וַיִּקַּח עֲשָׂרָה אֲנָשִׁים מִזִּקְנֵי הָעִיר וַיֹּאמֶר שְׁבוּ־פֹה וַיֵּשֵׁבוּ:

3 וַיֹּאמֶר לַגֹּאֵל חֶלְקַת הַשָּׂדֶה אֲשֶׁר לְאָחִינוּ לֶאֱלִימֶלֶךְ מָכְרָה נָעֳמִי הַשָּׁבָה מִשְּׂדֵה מוֹאָב:

4 וַאֲנִי אָמַרְתִּי אֶגְלֶה אָזְנְךָ לֵאמֹר קְנֵה נֶגֶד הַיֹּשְׁבִים וְנֶגֶד זִקְנֵי עַמִּי אִם־תִּגְאַל גְּאָל וְאִם־לֹא יִגְאַל הַגִּידָה לִּי וְאֵדְעַ כִּי אֵין זוּלָתְךָ לִגְאוֹל וְאָנֹכִי אַחֲרֶיךָ וַיֹּאמֶר אָנֹכִי אֶגְאָל:

5 וַיֹּאמֶר בֹּעַז בְּיוֹם־קְנוֹתְךָ הַשָּׂדֶה מִיַּד נָעֳמִי וּמֵאֵת

שְׁבִי! (ישב)

כִּלָּה (Piel: כלה)

בֹּעַז עָלָה

סוּרָה! = סוּר!

שְׁבָה! = שֵׁב!

עֲשָׂרָה (10)

זִקְנֵי הָעִיר (זְקֵנִים)

מכר ←→ קנה

גְּאָל!

הַגִּידָה!

זוּלָתְךָ: רַק אַתָּה

קְנוֹתְךָ = קְנוֹת + לְךָ

רוּת הַמּוֹאֲבִיָּה אֵשֶׁת־הַמֵּת קָנִיתִי לְהָקִים שֵׁם־הַמֵּת
עַל־נַחֲלָתוֹ׃
6 וַיֹּאמֶר הַגֹּאֵל לֹא אוּכַל לִגְאוֹל־לִי פֶּן־אַשְׁחִית
אֶת־נַחֲלָתִי גְּאַל־לְךָ אַתָּה אֶת־גְּאֻלָּתִי כִּי לֹא־אוּכַל
לִגְאֹל׃
7 וְזֹאת לְפָנִים בְּיִשְׂרָאֵל עַל־הַגְּאוּלָּה וְעַל־הַתְּמוּרָה
לְקַיֵּם כָּל־דָּבָר שָׁלַף אִישׁ נַעֲלוֹ וְנָתַן לְרֵעֵהוּ וְזֹאת
הַתְּעוּדָה בְּיִשְׂרָאֵל׃
8 וַיֹּאמֶר הַגֹּאֵל לְבֹעַז קְנֵה־לָךְ וַיִּשְׁלֹף נַעֲלוֹ׃
9 וַיֹּאמֶר בֹּעַז לַזְּקֵנִים וְכָל־הָעָם עֵדִים אַתֶּם הַיּוֹם כִּי
קָנִיתִי אֶת־כָּל־אֲשֶׁר לֶאֱלִימֶלֶךְ וְאֵת כָּל־אֲשֶׁר לְכִלְיוֹן
וּמַחְלוֹן מִיַּד נָעֳמִי׃
10 וְגַם אֶת־רוּת הַמֹּאֲבִיָּה אֵשֶׁת מַחְלוֹן קָנִיתִי לִי
לְאִשָּׁה לְהָקִים שֵׁם־הַמֵּת עַל־נַחֲלָתוֹ וְלֹא־יִכָּרֵת
שֵׁם־הַמֵּת מֵעִם אֶחָיו וּמִשַּׁעַר מְקוֹמוֹ עֵדִים אַתֶּם
הַיּוֹם׃
11 וַיֹּאמְרוּ כָּל־הָעָם אֲשֶׁר־בַּשַּׁעַר וְהַזְּקֵנִים עֵדִים

לְהָקִים
(Hiphil :קום)

פֶּן = לְמַעַן לֹא

אַשְׁחִית
(Hiphil :שחת)

גְּאֻלָּתִי = גְּאֻלָּה + לִי

לְקַיֵּם (Piel :קום)

נַעַל

לְרֵעֵהוּ =
לְ + רֵעַ + לוֹ

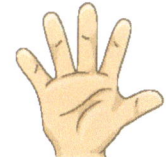

יָד

מִיַּד = מִן + יָד

יִכָּרֵת
(Niphal :כרת)

יִתֵּן֩ יְהוָ֨ה אֶֽת־הָאִשָּׁ֜ה הַבָּאָ֣ה אֶל־בֵּיתֶ֗ךָ כְּרָחֵ֤ל ׀
וּכְלֵאָה֙ אֲשֶׁ֨ר בָּנ֤וּ שְׁתֵּיהֶם֙ אֶת־בֵּ֣ית יִשְׂרָאֵ֔ל
וַעֲשֵׂה־חַ֣יִל בְּאֶפְרָ֔תָה וּקְרָא־שֵׁ֖ם בְּבֵ֥ית לָֽחֶם׃
12 וִיהִ֤י בֵֽיתְךָ֙ כְּבֵ֣ית פֶּ֔רֶץ אֲשֶׁר־יָלְדָ֥ה תָמָ֖ר לִֽיהוּדָ֑ה
מִן־הַזֶּ֗רַע אֲשֶׁ֨ר יִתֵּ֤ן יְהוָה֙ לְךָ֔ מִן־הַנַּעֲרָ֖ה הַזֹּֽאת׃
13 וַיִּקַּ֨ח בֹּ֤עַז אֶת־רוּת֙ וַתְּהִי־ל֣וֹ
לְאִשָּׁ֔ה וַיָּבֹ֖א אֵלֶ֑יהָ וַיִּתֵּ֨ן יְהוָ֥ה
לָ֛הּ הֵרָי֖וֹן וַתֵּ֥לֶד בֵּֽן׃

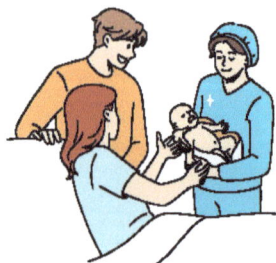

14 וַתֹּאמַ֤רְנָה הַנָּשִׁים֙ אֶל־נָעֳמִ֔י **הֵרָיוֹן**
בָּר֣וּךְ יְהוָ֔ה אֲשֶׁ֨ר לֹ֣א הִשְׁבִּ֥ית לָ֛ךְ גֹּאֵ֖ל הַיּ֑וֹם וְיִקָּרֵ֥א
שְׁמ֖וֹ בְּיִשְׂרָאֵֽל׃
15 וְהָ֤יָה לָךְ֙ לְמֵשִׁ֣יב נֶ֔פֶשׁ
וּלְכַלְכֵּ֖ל אֶת־שֵׂיבָתֵ֑ךְ כִּ֤י
כַלָּתֵ֨ךְ אֲשֶׁר־אֲהֵבַ֜תֶךְ יְלָדַ֗תּוּ **וַתֵּלֶד = יָלְדָה**
אֲשֶׁר־הִיא֙ ט֣וֹבָה לָ֔ךְ מִשִּׁבְעָ֖ה בָּנִֽים׃

16 וַתִּקַּ֨ח נָעֳמִ֤י אֶת־הַיֶּ֙לֶד֙ וַתְּשִׁתֵ֣הוּ בְחֵיקָ֔הּ
וַתְּהִי־ל֖וֹ לְאֹמֶֽנֶת׃ 17 וַתִּקְרֶאנָה֩ ל֨וֹ הַשְּׁכֵנ֥וֹת שֵׁם֙
לֵאמֹ֔ר

בֵּיתֶךְ = בַּיִת + לְךָ
בָּנוּ (בנה)

שֵׂיבָתֵךְ = שֵׂיבָה + לָךְ
שִׁבְעָה (7)
אֲהֵבַתֶךְ = אַהֲבָה + אוֹתָךְ
יְלָדַתּוּ = יָלְדָה + אוֹתוֹ
וַתְּשִׁתֵהוּ = וְ + שָׁת + אוֹתוֹ

הוֹלִיד
(ילד :Hiphil)

דָּוִד: מֶלֶךְ־יִשְׂרָאֵל

יֻלַּד־בֵּן לְנָעֳמִי וַתִּקְרֶאנָה שְׁמוֹ עוֹבֵד הוּא אֲבִי־יִשַׁי אֲבִי דָוִד: פ 18 וְאֵלֶּה תּוֹלְדוֹת פָּרֶץ פֶּרֶץ הוֹלִיד אֶת־חֶצְרוֹן: 19 וְחֶצְרוֹן הוֹלִיד אֶת־רָם

וְרָם הוֹלִיד אֶת־עַמִּינָדָב: 20 וְעַמִּינָדָב הוֹלִיד אֶת־נַחְשׁוֹן וְנַחְשׁוֹן הוֹלִיד אֶת־שַׂלְמָה: 21 וְשַׂלְמוֹן הוֹלִיד אֶת־בֹּעַז וּבֹעַז הוֹלִיד אֶת־עוֹבֵד: 22 וְעֹבֵד הוֹלִיד אֶת־יִשָׁי וְיִשַׁי הוֹלִיד אֶת־דָּוִד:

תּוֹלְדוֹת

יוֹנָה

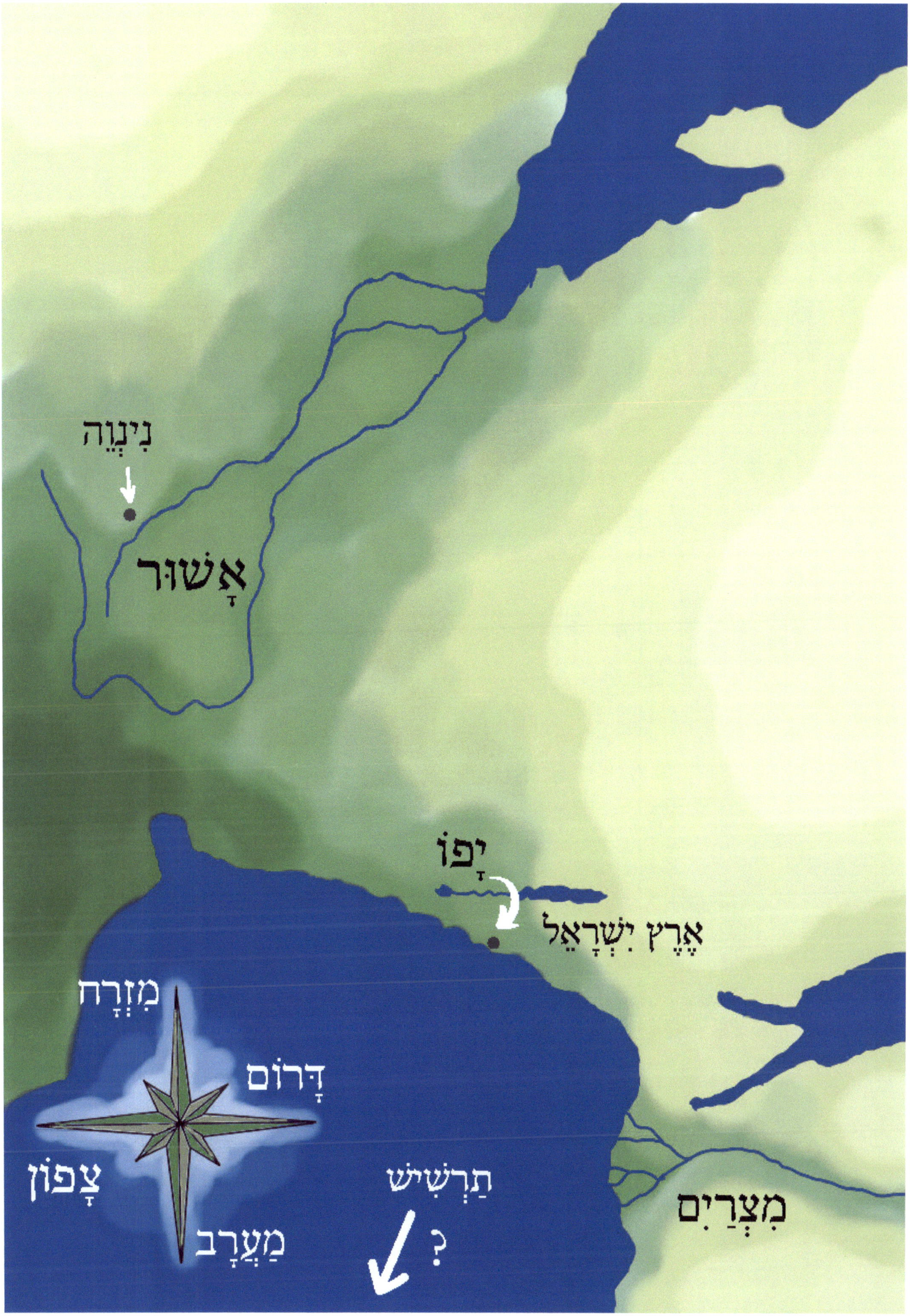
נִינְוֵה
אָשׁוּר
יָפוֹ
אֶרֶץ יִשְׂרָאֵל
מִזְרָח
דָּרוֹם
צָפוֹן
מַעֲרָב
תַּרְשִׁישׁ
?
מִצְרַיִם

פֶּ֫רֶק א׳: קוּם לֵךְ

עִיר

1 וַֽיְהִי֙ דְּבַר־יְהוָ֔ה אֶל־יוֹנָ֥ה בֶן־אֲמִתַּ֖י לֵאמֹֽר׃

2 ק֠וּם לֵ֧ךְ אֶל־נִֽינְוֵ֛ה הָעִ֥יר הַגְּדוֹלָ֖ה וּקְרָ֣א עָלֶ֑יהָ

כִּֽי־עָלְתָ֥ה רָעָתָ֖ם לְפָנָֽי׃

3 וַיָּ֤קָם יוֹנָה֙ לִבְרֹ֣חַ תַּרְשִׁ֔ישָׁה מִלִּפְנֵ֖י יְהוָ֑ה וַיֵּ֨רֶד

יָפ֜וֹ וַיִּמְצָ֥א אָנִיָּ֣ה ׀ בָּאָ֣ה תַרְשִׁ֗ישׁ וַיִּתֵּ֨ן שְׂכָרָ֜הּ וַיֵּ֤רֶד

בָּהּ֙ לָב֤וֹא עִמָּהֶם֙ תַּרְשִׁ֔ישָׁה מִלִּפְנֵ֖י יְהוָֽה׃

4 וַֽיהוָ֗ה הֵטִ֤יל רֽוּחַ־גְּדוֹלָה֙ אֶל־הַיָּ֔ם וַיְהִ֥י

סַֽעַר־גָּד֖וֹל בַּיָּ֑ם וְהָ֣אֳנִיָּ֔ה חִשְּׁבָ֖ה לְהִשָּׁבֵֽר׃

רוּחַ
אֳנִיָּה

קוּם!: וַיָּ֤קָם

וַֽיְהִי = הָיָה

רָעָתָ֖ם = רָעַת־אַנְשֵׁי־נִינְוֵה

וַיֵּ֨רֶד = יָרַד

וַיִּתֵּ֨ן: נָתַן יוֹנָה שָׂכָר

לְהִשָּׁבֵֽר:
(שׁבר: Niphal)

הֵטִ֤יל:
(טוּל: Hiphil)

הַסְּפִינָה = אֳנִיָּה
הַמַּלָּחִים
הַכֵּלִים

5 וַיִּֽירְא֣וּ הַמַּלָּחִ֗ים וַֽיִּזְעֲקוּ֮ אִ֣ישׁ אֶל־אֱלֹהָיו֒ וַיָּטִ֨לוּ
אֶת־הַכֵּלִ֜ים אֲשֶׁ֤ר בָּֽאֳנִיָּה֙ אֶל־הַיָּ֔ם לְהָקֵ֖ל מֵעֲלֵיהֶ֑ם
וְיוֹנָ֗ה יָרַד֙ אֶל־יַרְכְּתֵ֣י הַסְּפִינָ֔ה וַיִּשְׁכַּ֖ב וַיֵּרָדַֽם׃

וַיִּשְׁכַּב = שָׁכַב

וַיֵּרָדַם = נִרְדַּם

6 וַיִּקְרַ֤ב אֵלָיו֙ רַ֣ב הַחֹבֵ֔ל וַיֹּ֥אמֶר ל֖וֹ מַה־לְּךָ֣ נִרְדָּ֑ם
ק֗וּם קְרָ֚א אֶל־אֱלֹהֶ֔יךָ אוּלַ֞י יִתְעַשֵּׁ֧ת הָאֱלֹהִ֛ים לָ֖נוּ וְלֹ֥א
נֹאבֵֽד׃

7 וַיֹּאמְר֞וּ אִ֣ישׁ אֶל־רֵעֵ֗הוּ לְכוּ֙ וְנַפִּ֣ילָה גֽוֹרָל֔וֹת וְנֵ֣דְעָ֔ה

וַיִּֽירְא֣וּ

וַיָּטִ֨לוּ =הֵטִילוּ

לְהָקֵ֖ל:
(קלל: Hiphil)

אֶל־יַרְכְּתֵ֣י הַסְּפִינָ֔ה
↓
בַּסְּפִינָה

רַ֣ב הַחֹבֵ֔ל

מַה־לְּךָ֣ נִרְדָּ֑ם =
לָמָּה אַתָּה נִרְדָּ֑ם?

וְנֵ֣דְעָ֔ה = לְמַעַן נֵדַע

הַשָּׁמַיִם
יָם
הַיַּבָּשָׁה

בְּשֶׁלְּמִי הָרָעָה הַזֹּאת לָנוּ וַיַּפִּלוּ גּוֹרָלוֹת וַיִּפֹּל הַגּוֹרָל
עַל־יוֹנָה׃
8 וַיֹּאמְרוּ אֵלָיו הַגִּידָה־נָּא לָנוּ בַּאֲשֶׁר לְמִי־הָרָעָה
הַזֹּאת לָנוּ מַה־מְּלַאכְתְּךָ וּמֵאַיִן תָּבוֹא מָה אַרְצֶךָ
וְאֵי־מִזֶּה עַם אָתָּה׃
9 וַיֹּאמֶר אֲלֵיהֶם עִבְרִי אָנֹכִי וְאֶת־יְהוָה אֱלֹהֵי
הַשָּׁמַיִם אֲנִי יָרֵא אֲשֶׁר־עָשָׂה אֶת־הַיָּם
וְאֶת־הַיַּבָּשָׁה׃
10 וַיִּירְאוּ הָאֲנָשִׁים יִרְאָה גְדוֹלָה וַיֹּאמְרוּ אֵלָיו
מַה־זֹּאת עָשִׂיתָ כִּי־יָדְעוּ הָאֲנָשִׁים כִּי־מִלִּפְנֵי יְהוָה
הוּא בֹרֵחַ כִּי הִגִּיד לָהֶם׃
11 וַיֹּאמְרוּ אֵלָיו מַה־נַּעֲשֶׂה לָּךְ וְיִשְׁתֹּק הַיָּם מֵעָלֵינוּ
כִּי הַיָּם הוֹלֵךְ וְסֹעֵר׃

וַיַּפִּלוּ גּוֹרָלוֹת =
הִפִּילוּ גּוֹרָלוֹת
(נפל: Hiphil)

בַּאֲשֶׁר לְמִי = בְּשֶׁלְּמִי
↓
מִי עָשָׂה אֶת הָרָעָה הַזֹּאת?

מְלַאכְתְּךָ =
מְלָאכָה + לְךָ

וַיִּירְאוּ = יָרְאוּ הָאֲנָשִׁים

בֹרֵחַ הוּא =נָס הוּא

וְיִשְׁתֹּק = לְמַעַן יִשְׁתֹּק

הַיָּם הוֹלֵךְ וְסֹעֵר

יִשְׁתֹּק הַיָּם

12 וַיֹּאמֶר אֲלֵיהֶם שָׂאוּנִי וַהֲטִילֻנִי אֶל־הַיָּם וְיִשְׁתֹּק
הַיָּם מֵעֲלֵיכֶם כִּי יוֹדֵעַ אָנִי כִּי בְשֶׁלִּי הַסַּעַר הַגָּדוֹל
הַזֶּה עֲלֵיכֶם׃
13 וַיַּחְתְּרוּ הָאֲנָשִׁים לְהָשִׁיב אֶל־הַיַּבָּשָׁה וְלֹא יָכֹלוּ
כִּי הַיָּם הוֹלֵךְ וְסֹעֵר עֲלֵיהֶם׃
14 וַיִּקְרְאוּ אֶל־יְהוָה וַיֹּאמְרוּ אָנָּה יְהוָה אַל־נָא
נֹאבְדָה בְּנֶפֶשׁ הָאִישׁ הַזֶּה וְאַל־תִּתֵּן עָלֵינוּ דָּם נָקִיא
כִּי־אַתָּה יְהוָה כַּאֲשֶׁר חָפַצְתָּ עָשִׂיתָ׃
15 וַיִּשְׂאוּ אֶת־יוֹנָה וַיְטִלֻהוּ אֶל־הַיָּם וַיַּעֲמֹד הַיָּם
מִזַּעְפּוֹ׃

זַעַף

שָׂאוּנִי = שְׂאוּ אוֹתִי!

וַהֲטִילֻנִי = הָטִילוּ אוֹתִי!

בְשֶׁלְּמִי? . . . בְשֶׁלִּי!
↓
בְשֶׁלִּי: אֲנִי עָשִׂיתִי אֵת הָרָעָה!

וַיַּחְתְּרוּ = חָתְרוּ

דָּם

וַיְטִלֻהוּ = הֵטִילוּ אוֹתוֹ

וַיַּעֲמֹד

מִזַּעְפּוֹ = מִן + זַעַף + הוּא

16 וַיִּֽירְא֧וּ הָאֲנָשִׁ֛ים יִרְאָ֥ה גְדוֹלָ֖ה אֶת־יְהֹוָ֑ה
וַיִּֽזְבְּחוּ־זֶ֙בַח֙ לַֽיהֹוָ֔ה וַֽיִּדְּר֖וּ נְדָרִֽים׃

פֶּרֶק ב׳: הַדָּג

1 וַיְמַ֤ן יְהֹוָה֙ דָּ֣ג גָּד֔וֹל לִבְלֹ֖עַ אֶת־יוֹנָ֑ה וַיְהִ֤י יוֹנָה֙
בִּמְעֵ֣י הַדָּ֔ג שְׁלֹשָׁ֥ה יָמִ֖ים וּשְׁלֹשָׁ֥ה לֵילֽוֹת׃
2 וַיִּתְפַּלֵּ֣ל יוֹנָ֔ה אֶל־יְהֹוָ֖ה אֱלֹהָ֑יו מִמְּעֵ֖י הַדָּגָֽה׃
3 וַיֹּ֗אמֶר קָ֠רָאתִי מִצָּ֥רָה לִ֛י אֶל־יְהֹוָ֖ה וַֽיַּעֲנֵ֑נִי מִבֶּ֧טֶן
שְׁא֛וֹל שִׁוַּ֖עְתִּי שָׁמַ֥עְתָּ קוֹלִֽי׃
4 וַתַּשְׁלִיכֵ֤נִי מְצוּלָה֙ בִּלְבַ֣ב יַמִּ֔ים וְנָהָ֖ר יְסֹבְבֵ֑נִי
כָּל־מִשְׁבָּרֶ֥יךָ וְגַלֶּ֖יךָ עָלַ֥י עָבָֽרוּ׃

5 וַאֲנִ֣י אָמַ֔רְתִּי נִגְרַ֖שְׁתִּי מִנֶּ֣גֶד עֵינֶ֑יךָ אַ֚ךְ אוֹסִ֣יף
לְהַבִּ֔יט אֶל־הֵיכַ֖ל קָדְשֶֽׁךָ׃

זֶבַח

שְׁלֹשָׁה (3)

וַיִּתְפַּלֵּל יוֹנָה

וַיַּעֲנֵנִי = יְהֹוָה עָנָה לִי

וַתַּשְׁלִיכֵנִי = הִשְׁלַכְתָּ אוֹתִי

קוֹל

לֵבָב

מֵעַיִם = בֶּטֶן

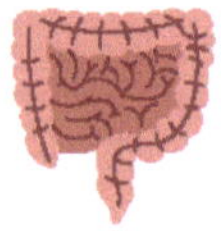

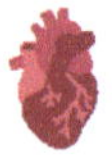

6 אֲפָפ֤וּנִי מַ֙יִם֙ עַד־נֶ֔פֶשׁ תְּה֖וֹם יְסֹבְבֵ֑נִי ס֖וּף חָב֥וּשׁ
לְרֹאשִֽׁי׃
7 לְקִצְבֵ֤י הָרִים֙ יָרַ֔דְתִּי הָאָ֛רֶץ בְּרִחֶ֥יהָ בַעֲדִ֖י לְעוֹלָ֑ם

הָרִים

וַתַּ֧עַל מִשַּׁ֛חַת חַיַּ֖י יְהוָ֥ה אֱלֹהָֽי׃
8 בְּהִתְעַטֵּ֤ף עָלַי֙ נַפְשִׁ֔י אֶת־יְהוָ֖ה זָכָ֑רְתִּי וַתָּב֤וֹא אֵלֶ֙יךָ֙
תְּפִלָּתִ֔י אֶל־הֵיכַ֖ל קָדְשֶֽׁךָ׃
9 מְשַׁמְּרִ֖ים הַבְלֵי־שָׁ֑וְא חַסְדָּ֖ם יַעֲזֹֽבוּ׃
10 וַאֲנִ֗י בְּק֤וֹל תּוֹדָה֙ אֶזְבְּחָה־לָּ֔ךְ אֲשֶׁ֥ר נָדַ֖רְתִּי
אֲשַׁלֵּ֑מָה יְשׁוּעָ֖תָה לַיהוָֽה׃ ס
11 וַיֹּ֥אמֶר יְהוָ֖ה לַדָּ֑ג וַיָּקֵ֥א אֶת־יוֹנָ֖ה אֶל־הַיַּבָּשָֽׁה׃ פ

הֵיכַל

אֲפָפ֫וּנִי =
אָפְפוּ אוֹתִי

יְסֹבְבֵנִי =
יְסוֹבֵב אוֹתִי

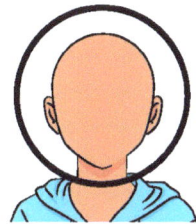

רֹאשׁ

בְּרִיחִים

בְּרִחֶיהָ =
בְּרִיחִים + לָהּ

אֶזְבְּחָה = אֶזְבַּח

וַיָּקֵא = הֵקִיא
(קיא: Hiphil)

פֶּרֶק ג': נִינְוֵה

1וַיְהִי דְבַר־יְהֹוָה אֶל־יוֹנָה שֵׁנִית לֵאמֹר:

2 קוּם לֵךְ אֶל־נִינְוֵה הָעִיר הַגְּדוֹלָה וּקְרָא אֵלֶיהָ אֶת־הַקְּרִיאָה אֲשֶׁר אָנֹכִי דֹּבֵר אֵלֶיךָ:

3 וַיָּקָם יוֹנָה וַיֵּלֶךְ אֶל־נִינְוֵה כִּדְבַר יְהֹוָה וְנִינְוֵה

מַהֲלָךְ

הָיְתָה עִיר־גְּדוֹלָה לֵאלֹהִים מַהֲלַךְ שְׁלֹשֶׁת יָמִים:

4 וַיָּחֶל יוֹנָה לָבוֹא בָעִיר מַהֲלַךְ יוֹם אֶחָד וַיִּקְרָא וַיֹּאמַר עוֹד אַרְבָּעִים יוֹם וְנִינְוֵה נֶהְפָּכֶת:

5 וַיַּאֲמִינוּ אַנְשֵׁי נִינְוֵה בֵּאלֹהִים וַיִּקְרְאוּ־צוֹם

נֶהְפָּכֶת
(הפך :Niphal)

וַיָּחֶל = הֵחֵל
(חלל :Hiphil)

אֶחָד (1)

אַרְבָּעִים (40)

וַיַּאֲמִינוּ = הֶאֱמִינוּ + בְּ

צוֹם

מִגְּדוֹלָם =
מִן + גָּדוֹל + לָהֶם

קְטַנָּם =
קָטוֹן + לָהֶם

וַיִּגַּע = נָגַע

וַיַּעֲבֵר = הֶעֱבִיר
(עבר: Hiphil)

וַיַּזְעֵק = הִזְעִיק
(זעק: Hiphil)

גְּדֹלָיו = גְּדוֹלִים אֲשֶׁר
לוֹ: שָׂרֵי הַמֶּלֶךְ

הַצֹּאן = כְּבָשִׂים אוֹ
עִזִּים רַבִּים

מִדַּרְכּוֹ = מִן +
דֶּרֶךְ + לוֹ

יִתְכַּסּוּ =
(כסה: Hithpael)

כַּפַּיִם = יָדַיִם

בְּכַפֵּיהֶם = בְּ +
כַּפַּיִם + לָהֶם

שַׂקִּים

וַיִּלְבְּשׁוּ שַׂקִּים

וַיִּלְבְּשׁ֣וּ שַׂקִּ֔ים מִגְּדוֹלָ֖ם וְעַד־קְטַנָּֽם׃
וַיִּגַּ֤ע הַדָּבָר֙ אֶל־מֶ֣לֶךְ נִֽינְוֵ֔ה וַיָּ֙קָם֙ מִכִּסְא֔וֹ וַיַּעֲבֵ֥ר
אַדַּרְתּ֖וֹ מֵֽעָלָ֑יו וַיְכַ֣ס שַׂ֔ק וַיֵּ֖שֶׁב עַל־הָאֵֽפֶר׃
7 וַיַּזְעֵ֗ק וַיֹּ֙אמֶר֙ בְּנִֽינְוֵ֔ה מִטַּ֧עַם הַמֶּ֛לֶךְ וּגְדֹלָ֖יו לֵאמֹ֑ר
הָאָדָ֨ם וְהַבְּהֵמָ֜ה הַבָּקָ֣ר וְהַצֹּ֗אן אַֽל־יִטְעֲמוּ֙ מְא֔וּמָה
אַל־יִרְע֔וּ וּמַ֖יִם אַל־יִשְׁתּֽוּ׃
8 וְיִתְכַּסּ֣וּ שַׂקִּ֗ים הָֽאָדָם֙ וְהַבְּהֵמָ֔ה וְיִקְרְא֥וּ אֶל־אֱלֹהִ֖ים
בְּחָזְקָ֑ה וְיָשֻׁ֗בוּ אִ֚ישׁ מִדַּרְכּ֣וֹ הָֽרָעָ֔ה וּמִן־הֶחָמָ֖ס אֲשֶׁ֥ר
בְּכַפֵּיהֶֽם׃

9 מִֽי־יוֹדֵ֣עַ יָשׁ֔וּב וְנִחַ֖ם הָאֱלֹהִ֑ים
וְשָׁ֛ב מֵחֲר֥וֹן אַפּ֖וֹ וְלֹ֥א נֹאבֵֽד׃

10 וַיַּ֤רְא הָֽאֱלֹהִים֙ אֶת־מַ֣עֲשֵׂיהֶ֔ם
כִּי־שָׁ֖בוּ מִדַּרְכָּ֣ם הָרָעָ֑ה וַיִּנָּ֣חֶם הָאֱלֹהִ֗ים עַל־הָרָעָ֛ה
אֲשֶׁר־דִּבֶּ֥ר לַעֲשׂוֹת־לָהֶ֖ם וְלֹ֥א עָשָֽׂה׃

אַף = אַפַּיִם

פֶּרֶק ד׳: אֵל־חַנּוּן וְרַחוּם

וַיֵּ֥רַע אֶל־יוֹנָ֖ה רָעָ֣ה גְדוֹלָ֑ה וַיִּ֖חַר לֽוֹ׃

2 וַיִּתְפַּלֵּ֨ל אֶל־יְהוָ֜ה וַיֹּאמַ֗ר אָנָּ֤ה יְהוָה֙ הֲלוֹא־זֶ֣ה
דְבָרִ֗י עַד־הֱיוֹתִי֙ עַל־אַדְמָתִ֔י עַל־כֵּ֥ן קִדַּ֖מְתִּי לִבְרֹ֣חַ
תַּרְשִׁ֑ישָׁה כִּ֣י יָדַ֗עְתִּי כִּ֤י אַתָּה֙ אֵל־חַנּ֣וּן וְרַח֔וּם אֶ֤רֶךְ
אַפַּ֙יִם֙ וְרַב־חֶ֔סֶד וְנִחָ֖ם עַל־הָרָעָֽה׃

3 וְעַתָּ֣ה יְהוָ֔ה קַח־נָ֥א אֶת־נַפְשִׁ֖י מִמֶּ֑נִּי כִּ֛י ט֥וֹב מוֹתִ֖י
מֵחַיָּֽי׃

4 וַיֹּ֣אמֶר יְהוָ֔ה הַהֵיטֵ֖ב חָ֥רָה לָֽךְ׃

5 וַיֵּצֵ֤א יוֹנָה֙ מִן־הָעִ֔יר וַיֵּ֖שֶׁב
מִקֶּ֣דֶם לָעִ֑יר וַיַּ֨עַשׂ֩ ל֜וֹ שָׁ֤ם סֻכָּה

סֻכָּה

וְנִחַם = יִנָּחֵם

וְשָׁב = יָשׁוּב

חֲרוֹן אַפּוֹ = זַעַף

מַעֲשֵׂיהֶם =
מַעֲשִׂים + לָהֶם

מִדַּרְכָּם = מִן +
דֶּרֶךְ + לָהֶם

וַיִּנָּחֶם = נִחַם

וַיֵּרַע = הֵרַע
(רעע: Hiphil)

וַיִּחַר לוֹ = חָרָה לוֹ
הֲ = ?

אַדְמָתִי = אֲדָמָה + לִי
⮠ יִשְׂרָאֵל

אֶרֶךְ אַפַּיִם ⟷
חֲרוֹן אַף

וַיֵּצֵא = יָצָא

וַיֵּשֶׁב = יָשַׁב

וַיַּעַשׂ = עָשָׂה

צֵל

וַיֵּ֤שֶׁב תַּחְתֶּ֙יהָ֙ בַּצֵּ֔ל עַ֚ד אֲשֶׁ֣ר
יִרְאֶ֔ה מַה־יִּהְיֶ֖ה בָּעִֽיר׃
6 וַיְמַ֣ן יְהוָֽה־אֱ֠לֹהִים קִ֞יקָי֗וֹן וַיַּ֣עַל ׀
מֵעַ֣ל לְיוֹנָ֗ה לִֽהְי֥וֹת צֵל֙ עַל־רֹאשׁ֔וֹ לְהַצִּ֥יל ל֖וֹ מֵרָֽעָת֑וֹ
וַיִּשְׂמַ֥ח יוֹנָ֛ה עַל־הַקִּיקָי֖וֹן שִׂמְחָ֥ה גְדוֹלָֽה׃
7 וַיְמַ֤ן הָֽאֱלֹהִים֙ תּוֹלַ֔עַת בַּעֲל֥וֹת הַשַּׁ֖חַר לַֽמָּחֳרָ֑ת וַתַּ֥ךְ
אֶת־הַקִּיקָי֖וֹן וַיִּיבָֽשׁ׃

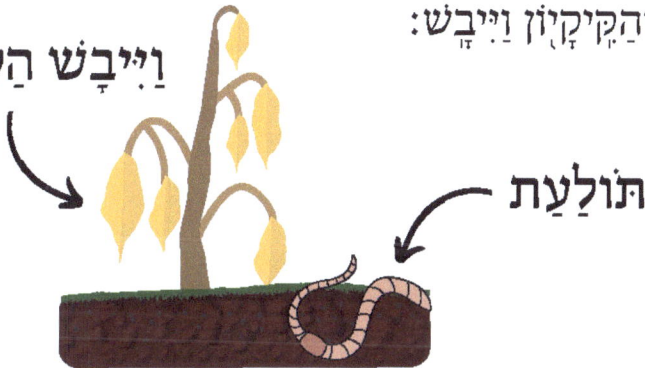

וַיִּיבַשׁ הַקִּיקָיוֹן
תּוֹלַעַת

8 וַיְהִ֣י ׀ כִּזְרֹ֣חַ הַשֶּׁ֗מֶשׁ וַיְמַ֨ן אֱלֹהִ֜ים ר֤וּחַ קָדִים֙
חֲרִישִׁ֔ית וַתַּ֥ךְ הַשֶּׁ֛מֶשׁ עַל־רֹ֥אשׁ יוֹנָ֖ה וַיִּתְעַלָּ֑ף וַיִּשְׁאַ֤ל
אֶת־נַפְשׁוֹ֙ לָמ֔וּת וַיֹּ֕אמֶר ט֥וֹב מוֹתִ֖י מֵחַיָּֽי׃
9 וַיֹּ֤אמֶר אֱלֹהִים֙ אֶל־יוֹנָ֔ה הַהֵיטֵ֥ב חָרָֽה־לְךָ֖
עַל־הַקִּיקָי֑וֹן וַיֹּ֕אמֶר הֵיטֵ֥ב חָֽרָה־לִ֖י עַד־מָֽוֶת׃
10 וַיֹּ֣אמֶר יְהוָ֔ה אַתָּ֥ה חַ֙סְתָּ֙ עַל־הַקִּ֣יקָי֔וֹן אֲשֶׁ֥ר
לֹא־עָמַ֥לְתָּ בּ֖וֹ וְלֹ֣א גִדַּלְתּ֑וֹ שֶׁבִּן־לַ֥יְלָה הָיָ֖ה

תַּחְתֶּיהָ: תַּחַת + הוּא

וַיְמַן = מִנָּה (מנה: Piel)

לְהַצִּיל = לְהוֹשִׁיעַ

מֵרָעָתוֹ = מִן + רָעָה + לוֹ

וַתַּךְ = הִכְּתָה (נכה: Hiphil)

וַיִּיבָשׁ = יָבֵשׁ

זָרְחָה שֶׁמֶשׁ

עָמַלְתָּ – עָבַדְתָּ

שֶׁבִּן = שֶׁ + בִּן

שֶׁ = אֲשֶׁר

גִדַּלְתּוֹ = גִדַּלְתָּ אוֹתוֹ

בָּהּ = בָּעִיר = בְּנִינְוֵה

וּבִן־לַ֖יְלָה אָבָֽד׃

11 וַאֲנִי֙ לֹ֣א אָח֔וּס עַל־נִינְוֵ֖ה הָעִ֣יר הַגְּדוֹלָ֑ה אֲשֶׁ֣ר
יֶשׁ־בָּ֡הּ הַרְבֵּה֩ מִֽשְׁתֵּים־עֶשְׂרֵ֨ה רִבּ֜וֹ אָדָ֗ם אֲשֶׁ֤ר
לֹֽא־יָדַע֙ בֵּין־יְמִינ֣וֹ לִשְׂמֹאל֔וֹ וּבְהֵמָ֖ה רַבָּֽה׃

הַקֵּץ

שְׁתֵּים־עֶשְׂרֵה (12)
רִבּוֹ (10,000)
שְׁתֵּים־עֶשְׂרֵה רִבּוֹ
(120,000)

יָמִין
שְׂמֹאל

Notes:

www.ingramcontent.com/pod-product-compliance
Lightning Source LLC
Chambersburg PA
CBHW042114040426
42448CB00003B/272
9781636630762